Claudia Stein

Weiße Stadt Tel Aviv

Bibliografische Information der Deutschen Nationalbibliothek:
Die Deutsche Nationalbibliothek verzeichnet diese Publikation in der
Deutschen Nationalbibliografie; detaillierte bibliografische Daten sind im
Internet über http://dnb.dnb.de abrufbar.

Herstellung und Verlag: BoD – Books on Demand, Norderstedt

ISBN: 9783749478507
2. Auflage

Inhaltsverzeichnis

Vorwort

Viel ist geschrieben worden über die White City, über das UNESCO Weltkulturerbe, aber nur selten wurde die Stadt im historischen Kontext betrachtet. Dieses Buch möchte einen Überblick geben über die Baustile, den Einfluss des Zeitgeschehens und jene Architekten, die die White City erschufen.

Auf der Übersichtskarte sind exemplarische Bauten eingezeichnet, in deren Nachbarschaften sich noch weitere Repräsentanten des Internationalen Stils befinden.

Claudia Stein

http://www.stein-books.com

Hinweis:
Der Inhalt dieses Buches ist Teil von "Tel Aviv. Der Reiseführer", veröffentlicht von derselben Autorin. Spaziergänge durch die einzelnen Viertel wurden separat im Buch „Tel Aviv Spaziergänge" publiziert.

1 Eckdaten

1.1 Steckbrief Israel

Offizieller Name: Medinat Yisrael

Telefonvorwahl: +972, Mobilfunk +972-5

Internet: .co.il

Zeitzone: Berlin +1

Währung: New Israeli Shekel (NIS), 1 NIS = 100 Agorot (sgl. Agora), ca. 0,20 EUR.

Staatsgründung: 5. Ijar 5708 (14. Mai 1948)

Staatsform: parlamentarische Republik

Staatsfeiertag: 5. Ijar

Hauptstadt und Sitz de Parlaments: Jerusalem

Amtssprache: Neuhebräisch (Ivrit), Arabisch

Bevölkerung: ca. 8,18 Mio. (Mai 2014)

Fläche: 22.072 km² (ohne Autonomiegebiete)

Religionen: Jüdisch (75,3%), Islam (20,5%), andere (4,2%)

Hymne: Ha Tikwa (dt. die Hoffnung)

größte Stadt: Jerusalem (ca. 775.000 Einwohner)

1.2 Steckbrief Tel Aviv

Offizieller Name: Tel Aviv-Yafo

Telefonvorwahl: 03

Gründung: 11. April 1909 als Achuzat Beit

Größe Stadtgebiet: 51,4 km², Metropolregion: 1.516 km²*

Bevölkerung: ca. 400.000 (Stadtgebiet) bzw. ca. 3,3 Mio. (Metropolregion)

*zum Vergleich: Berlin 890 km², Paris 105 km²

2 Stadtgeschichte

Der offizielle Name ist Tel Aviv-Yafo, doch was hier mit einem Trennstrich zusammengefügt wurde könnte unterschiedlicher nicht sein. Die Geschichte Jaffas ist bis ins 19. Jahrhundert bekannt oder zumindest gut nachlesbar. Ab Mitte des 19. Jahrhunderts wird es mit der Dokumentation dünner und vieles liegt nur auf Arabisch vor und ist somit dem breiten Publikum verschlossen. Bei der Erforschung der Stadtgeschichte Tel Avivs ergeben sich ganz andere Herausforderungen. Viele Mythen ranken um die Geschichte der Stadt, die angeblich gar keine hat. Sie sei aus einem Vorort von Jaffa entstanden und dann von alleine zur Weltstadt avanciert so hört man, oder aber maßgeblich von den deutschen Einwanderern gebaut worden, die vor den Nazis fliehen mussten, weswegen Bauhaus der vorherrschende Stil sei. Noch viele andere Versionen kursieren und bisher hat von diesen kaum eine weder die wirkliche Historie aufgedeckt, noch den damaligen politischen Kontext betrachtet, der der Geschichte der Stadt seine wirkliche Größe erst verleiht. Die Gründe für diese Irrungen und Wirrungen sind vielfach.

Erst in den letzten 10-15 Jahren haben sich Historiker, Architekten und Stadtplaner – ausländische wie israelische – intensiv auf die Spuren des ursprünglichen Tel Avivs gemacht. Nicht zuletzt war der Wunsch nach dem mittlerweile in 2003 erteilten UNESCO Weltkulturerbe-Status ein Hauptmotor, der die dafür notwendige Dokumentation antrieb. Diese Dokumentation war zum einen oft dadurch erschwert, dass um die Jahrhundertwende vor Ort ein Sprachenwirrwarr herrschte, schließlich hatten die wenigsten Englisch oder Hebräisch als Muttersprache oder gar Arabisch. Es wurde in fast gleichem Maße Jiddisch, Englisch, Hebräisch, Russisch, Französisch und Deutsch gesprochen. Arabisch war wichtig für den Ankauf von Land, damals reine Sanddünen ohne erkennbaren Wert für ihre arabischen Besitzer. Es war eine Herausforderung, unterschiedliche Dokumente den Plänen zuzuordnen, falls man diese überhaupt gefunden hatte. Zum anderen steuerten die politischen Machtwechsel das Übrige dazu bei, wie z.B. der Umzug von Archiven, falls diese als solche angelegt worden waren. Die Archive aus der britischen Mandatszeit (1918-1948) sind praktisch komplett verschwunden, andere unvollständig oder in Teilen über die gesamte heute Verwaltungslandschaft verstreut. Hinzu kommen noch die Änderungen von Straßennamen oder sogar die Namen der Zeichner selber, die die Recherche erschweren. Viele jüdische Einwanderer ändern auch heute noch ihre Namen wenn sie nach Israel kommen. So wusste man zwischenzeitlich auch nicht, ob es sich bei den auftauchenden Namen vielleicht um ein und die gleiche Person handelte und wessen Idee der gezeichnete Plan widerspiegelte.

2.1   Jaffa

Nach einer der Legenden wurde Jaffa von einem der drei Söhne Noahs, von Jophet (arabisch: Yafet) – einer der 8 Überlebenden der Sintflut – gegründet. Das genaue Jahr ist nicht belegt, die Ausgrabungen der letzten Jahre haben gezeigt, dass sich 8 verschiedene Siedlungen unter dem heutigen Jaffa befinden, die älteste ist ca. 3.800 Jahre alt. Wer die Siedler von damals waren ist unklar, es waren jedoch nicht durchgehend die gleichen. Seit fast 4.000 Jahren hat hier ein reger Bevölkerungsaustausch stattgefunden. Durch den natürlichen Hafen war Jaffa schon früh wirtschaftliches Zentrum der Region, reich und mondän, weswegen es auch Objekt der Begierde vieler Eroberer war. Von den Kanaanitern, Philistern, König David, sein Sohn König Salomon über Napoleon und die Ottomanen, sie alle hatten Jaffa im Auge. Ende des 13. Jahrhunderts wurde der Hafen von Jaffa, wie auch andere an der levantinischen Küste von den Mameluken zerstört, sie hatten erfolgreich die Kreuzfahrer besiegt und verhinderten so deren Rückkehr. Anfang des 16. Jahrhunderts erobern die

Ottomanen Palästina und bis zur Ankunft Napoleons 1799 erlebt die Region einen wirtschaftlichen Aufschwung. In dieser Zeit wird auch der Hafen erneuert. Viele christliche Pilger kommen über Jaffa ins Land auf ihrem Weg nach Jerusalem. Im Jahr 1831 erobert der Ägypter Muhammad Ali Pascha die Stadt, woraufhin viele wohlhabende ägyptische Familien nach Jaffa umsiedeln. In den folgenden Jahren ziehen Juden aus der Türkei und Nordafrika zu. Es findet langsam eine Wiederbelebung des jüdischen Lebens in Jaffa statt. Die Juden, die schon lange im Land lebten und produktiv waren gehörten zu den Sefarden (sephardim), jenen Juden, deren Vorfahren bis zur Vertreibung in Spanien und Portugal lebten und die sich durch ihre orientalische Lebensweise auszeichneten. Die aschkenasischen Juden (ashkenasim), aus Mittel- und Osteuropa stammend, kamen erst ab ca. 1840 ins Land. Sie waren meist unproduktiv, lebten für das Thorastudium und waren auf Geld aus der Diaspora angewiesen. 1841 siegen die Ottomanen über Muhammad Ali Pascha. In den folgenden Jahrzehnten entwickelt sich Jaffa wieder zum wirtschaftlichen Zentrum. Im Jahr 1865 wird der Leuchtturm von Jaffa gebaut, in weiser Voraussicht, denn 1869 eröffnet der Suezkanal und die Bedeutung des Hafens von Jaffa nimmt zu. Er sollte unentbehrlich werden für den Export der berühmten Jaffa Orangen in die ganze Welt.

In der Zwischenzeit (September 1866) war der Amerikaner George Jones Adams – Gründer der „Church of the Messiah" – mit 156 Anhängern von Boston nach Jaffa gekommen. Sie kauften ein Grundstück und bauten dort ihre mitgebrachten Fertighäuser aus Holz auf (im Norden Jaffas rund um die heutige Bar Hoffman St.). Keiner von ihnen war auf das harte Leben vorbereitet gewesen und nur wenige Monate später, im Winter 1867, wollten die meisten von ihnen wieder zurück. Anfang 1869 kamen die Deutschen Templer aus Württemberg und kauften die Siedlung auf, die später als „German Colony of Jaffa" bekannt wurde.

Die Templer gründeten in 1871 die neue Siedlung Sarona, östlich von Jaffa und als Pläne bekannt wurden, die Bahnstrecke Jaffa-Jerusalem zu eröffnen, kam 1888 Walhalla hinzu. Dort steht heute das Neve Tzedek Hochhaus. Die Bahnstrecke wurde 1892 eingeweiht.

Der Bau der Eisenbahn stärkt Jaffas Position als wirtschaftliches Zentrum Palästinas. Die alte Bahnstation, HaTachana, wurde vor wenigen Jahren renoviert. Sie liegt im nicht mehr existierenden Stadtviertel Manshiye. Ende des 19. Jahrhunderts fing Jaffa an, sich zu erweitern. Ab 1870 werden die Stadtmauern abgerissen um die Erweiterung der Stadt voranzutreiben. Eines der neuen arabischen Viertel entsteht nördlich der Stadt, am Strand: Manshiye. Der Charles Clore Park liegt auf dem ehemals westlichen Teil Manshiyes. Die jüdischen Einwohner zieht es auch nach Norden, sie gründen in unmittelbarer Nachbarschaft Neve Tzedek (1887) und Neve Shalom (1890). Zu den letzten Zeugen Manshiyes gehören das freistehende Etzel Museum gegenüber der alten Bahnstation, das „Red House" auf dem alten Bahngelände und nicht zuletzt die Hassan Bek Moschee. Ursprünglich sollte hier der "Business District" entstehen. Die Pläne änderten sich und heute befindet er sich am Ayalon Highway ganz im Osten der Stadt an der Grenze zu Ramat Gan. Im Süden von Jaffa werden die Viertel Ajami und Jabaliya gegründet, im Osten Souza und Salameh. In dieser Zeit der wirtschaftlichen Blüte ziehen auch andere Gruppen zu: Christen aus dem Libanon und Malta und auch andere Europäer. Die maronitischen und koptischen Christen siedeln sich hauptsächlich in Ajami an.

Im Sommer 1914 wird Hassan Bek neuer Bürgermeister von Jaffa. Nach ihm ist auch die 1916 erbaute Hassan Bek Moschee gegenüber des Charles Clore Parks benannt, die für die Einwohner Manshiyes gebaut worden war. Er hatte große Ambitionen und wollte Jaffa modernisieren; große Boulevards nach westlichem Vorbild sollten gebaut werden. Nach Ausbruch des Ersten Weltkrieges ließ er im Dezember 1914 russische Einwohner aus Jaffa ausweisen. Russland war der Erzfeind der Türken und Bek wollte in Jaffa keine Konflikte. Da es sich bei den russischen Einwohnern fast ausschließlich um Juden handelte, hat dieser Vorfall bei den jüdischen Gemeinden auch in Europa eine große Welle der Empörung aber auch der Hilfsbereitschaft für die Vertriebenen ausgelöst. Bek war schnell für sein rigoroses Durchgreifen und seine Brutalität bekannt. Es wird berichtet, dass Bek Männer auf der Straße verhaften und zur Zwangsarbeit für seine Stadtplanung einsetzen ließ. Diese Planung beinhaltete auch die Verlegung muslimischer Friedhöfe, was gegen die religiösen Gesetze ist. Es war der Rothschild Boulevard Tel Avivs, der 1915 zum Vorbild für den Jerusalem Boulevard wurde. Damals nannte Bek ihn Jamal Pascha Boulevard. Pascha regierte seit 1915 als Gouverneur von Syrien. Nach zwei Jahren Amtszeit wird Bek abgesetzt.

Während der Ausschreitungen von 1921 kommt es auch zum Überfall auf das s.g. „Pioneers' House" (Beit HaHalutz), ein jüdisches Hostel in der Yefet Street. Ein arabischer Mob verschafft sich gewaltsam Zutritt, wird von der arabischen Polizei auch nicht abgehalten und erst ein kurz darauf eintreffender jüdischer Polizist, kann die Angreife mit Schüssen vertreiben. 14 Bewohner sind da bereits tot, die restlichen verstecken sich im ersten Stock. Das Hostel zog nach dem Überfall in die Allenby Street. Die immer wieder aufflammenden Gewaltausbrüche veranlassen die Britischen Mandatsherren, die Straßen in Jaffa auszubauen, um sie besser mit Militärfahrzeugen durchfahren zu können. Dem fallen 250

Häuser zum Opfer.

Der im November 1947 von der UN vorgeschlagene Zwei-Staaten-Plan sieht Jaffa als Enklave auf jüdischem Gebiet vor. Mittlerweile sind die beiden Parteien miteinander im Krieg, sodass diese Lösung nicht mehr realisierbar scheint. Die Briten beschließen, Palästina zu verlassen. Im November 1947 setzt der erste Massenexodus der arabischen Bevölkerung ein. Gaza und Beirut sind u.a. favorisierte Ziele der ersten ca. 30.000 Flüchtenden. Die Kämpfe zwischen Juden und Araber um die Vorherrschaft nehmen weiter zu. Im Januar 1948 sprengt der jüdische Widerstand das Saray Gebäude, wo die arabische Verwaltung untergebracht war, Ende April erobert die Widerstandsgruppe Irgun (Etzel) Manshiye. Zum Zeichen des Sieges hissen die Angreifer die israelische Flagge über der Hassan Bek Moschee. In den folgenden Tagen erobern die Anhänger der Hagana-Bewegung die Dörfer außerhalb von Jaffa. Die Briten zeigen massive Präsenz in Jaffa, aber die restlichen ca. 70.000 Einwohner entschließen sich zur Emigration. Am 13. Mai 1948, einen Tag vor der Staatsgründung Israels, gibt Jaffa offiziell auf. Einige wenige Bewohner versammeln sich in Ajami. Sie sind die letzten 3.000 Einwohner der ehemaligen Großstadt Jaffa. Nach der Gründung des Staates Israel werden Juden in anderen arabischen Staaten des Landes verwiesen. In Massen kommen sie im Hafen von Jaffa an, wo Wochen vorher die arabische Bevölkerung abgelegt hatte. Sie suchen sich in der verlassenen Stadt eine neue Bleibe, wo es sich anbietet.

In den 50er Jahren beginnen die Neuplanungen und so manches Haus wird abgerissen. Im Oktober 1949 wird Jaffa mit Tel Aviv vereint und seit 1950 heißt die Stadt offiziell Tel Aviv-Yafo. Die vielen Einwanderer verändern das Gesicht der Stadt, etliche Neubauten werden in den folgenden Jahren für sie errichtet. In den neuen Planungen ist ab der 1960er Jahre eine Bebauung mit Hochhäusern geplant, niemand scheint ernstes Interesse an der Erhaltung von Jaffa zu haben. Manshiye verschwindet 1963 vollständig von der Landkarte als die letzten Ruinen abgerissen werden. Als 1965 der Hafen von Ashkelon eröffnet sind auch die goldenen Zeiten des alten Hafens von Jaffa vorbei. Es wird trostlos. Eine Gruppe von Künstlern kann in den 70ern schließlich den neu gewählten Bürgermeister Shlomo Lahat davon überzeugen, Jaffa zu erhalten. Bis heute ist Jaffa von Konflikten geprägt, nicht zuletzt von sozialen Ausgrenzungen, die durch die stark angestiegenen Preise für Wohnraum zunehmen. Renovierungen und Neubauten locken ein neues, meist jüdisches, Publikum an und die ansässige Bevölkerung wird immer mehr an den Stadtrand gedrängt. Auf dieser Basis verstärken sich die jüdisch-arabischen Spannungen und geben Nahrung für islamistische Gruppen. Seit 1999 ist es Ziel der Stadtverwaltung, Jaffa zu revitalisieren, worunter nicht alle Beteiligten das Gleiche verstehen. Wenig ist heute im historischen Jaffa noch authentisch und befindet sich i.d.R. in den Seitengassen, abseits von der touristischen Route.

Jaffa bleibt ein wunder Punkt im Nahost-Konflikt. Jaffa war der ganze Stolz der arabischen Bevölkerung. Warum ist man damals gegangen? Es gab viele Gründe, u.a. auch der, dass die Juden seit den permanenten Überfällen ab 1921 aufgerüstet hatten. Die arabische Bevölkerung fürchtete sich vor Rache. Die Briten hatten täglich selber mit den jüdischen Widerstandsgruppen zu kämpfen, man traute es ihnen nicht zu, Jaffa und seine Einwohner weiter zu schützen. Während die jüdische Elite schon seit Jahrzehnten die Strukturen für einen eigenen Staat vorbereitete waren die Araber ohne Führung und Organisationsstrukturen. Es war einfach eine Katastrophe – Nakba – gewesen, Jaffa zu verlieren. Die „Braut des Meeres" wie Jaffa genannt wurde, war politische und kulturelle Wiege der Bevölkerung gewesen. Reiche Händler und Intellektuelle hatten hier gewohnt. Die wichtigsten Zeitungen Palästinas waren in Jaffa verlegt worden. Gefühle von Wut, Ohnmacht und Demütigung kommen bei vielen hoch, wenn sie an Jaffa denken.

2.2 Tel Aviv

Der älteste – heute noch sichtbare – Teil Tel Avivs, der nicht zu Jaffa gehört, ist nicht Neve Tzedek, sondern die Siedlung der Templer, Sarona, bekannt unter HaKirya, „der Campus" und 1948 das erste Regierungsviertel Israels nach der Staatsgründung. Eine andere Siedlung – Mount Hope, von 1849, ist leider nicht mehr sichtbar. Sie befand sich am heutigen Autobahnkreuz LaGuardia Interchange im Süden Tel Avivs. Auf dem Gelände steht seit 1946 die Shva Mofet Highschool (HaMasger St.). Eine große Rolle für die Gründung und spätere Entwicklung spielte auch jede Aliya, die in Israel ankam. Aliya wird die jüdische Einwanderung nach Israel genannt. Jede Aliya brachte ihre Veränderung für das Land und die Stadt. Sie kamen aus unterschiedlichen Ländern und aus verschiedenen Gründen nach Israel. Am 11. April 1909 wurden die neu gekauften Parzellen unter den neuen Eigentümern aufgeteilt und der Bau der Häuser des heutigen Tel Avivs begann. Wie es überhaupt zu dieser Motivation kam, ist am besten im geschichtlichen Kontext zu verstehen.

Mount Hope (1849-1853)
Gegen Mitte des 19. Jahrhunderts vertraten viele christliche Gemeinden Europas und der USA die Überzeugung, dass der Messias bald zurückkommt. Eine Gruppe von deutschen und amerikanischen Christen kam ins Land und gründet 1849 die Siedlung Mount Hope, darunter auch die deutschen Großeltern von John Steinbeck. Ihre Mission war es, den örtlichen Juden den Ackerbau beizubringen und die christliche Lehre zu vermitteln. Im Jahr 1855 kommt der britisch-jüdischen Philanthrop Moses Montefiori ins Heilige Land auf der Suche nach Grundstücken. Er kauft die in Mount Hope gelegene

Orchideenplantage von Rabbi Yehuda HaLevi. Die Siedlung um Mount Hope herum wurde später nach seinem neuen Besitzer benannt, es ist das heutige Montefiori-Viertel. In der Nacht vom 11. Januar 1858 werden die christlichen Siedler ohne Vorwarnung von einer Gruppe Arabern überfallen; sie plünderten das Dorf, einige Männer werden ermordet, ihre Frauen vergewaltigt. Der Auslöser des Überfalls ist bei heute unklar. Die Siedler vermuteten, dass die arabischen Nachbarn eifersüchtig auf ihre Plantagen waren. Nach diesem schrecklichen Vorfall sieht sich die Gemeinschaft jedoch nicht mehr in der Lage, ihre Mission weiter auszuführen, zu tief sitzen die Schrecken. Mehrere Monate später verlassen sie das Land Richtung USA.

Die Deutschen Templer (1869-1949)
Erst in den letzten Jahren hat sich Tel Aviv um die Aufarbeitung der eigenen Geschichte bemüht und somit kamen auch die Templer wieder ans Licht. Sie haben entschieden zum Aufbau von Palästina beigetragen und waren nicht Vorbild für die Gründungsväter von Tel Aviv. Sie hatten die modernsten Häuser, die fortschrittlichste Landwirtschaft, sie waren autark und lebten weit ab der deutschen Heimat eine Vorbildfunktion für die lokale Bevölkerung. Genau das war ihr Ziel, als sie sich 1861 in Kirschenhardthof, 7 km südwestlich vom baden-württembergischen Backnang von der evangelischen Landeskirche abspalteten. Sie wollten nicht missionieren. Sie wollten mit ihrer Lebensweise ein Vorbild sein, bevorzugt im Land Israel, der Heimat Jesu. Christoph Hofmann (1815-1885) und 6 weitere Gründungsmitglieder gründeten die Deutsche Tempelgesellschaft. Der Name wird oft mit dem Templerorden verwechselt, der 1181 in Folge des ersten Kreuzzugs entstanden war. Außer des Namens haben beide nichts gemein. 1867 zieht eine kleine Gruppe von ihnen auf eigene Initiative nach Israel in die Jizreel-ebene im Norden zwischen Galiläa und Samaria. Eine verhängnisvolle Unternehmung. In dem ziemlich unbesiedelten Gebiet starb in

den folgenden Jahren die Mehrheit von ihnen an Malaria. Die Tempelgesellschaft plant ab 1868 strategisch ihre Ansiedlung im Heiligen Land; folgende Siedlungen werden realisiert:

Haifa: 1869
Jaffa: 1869, Ankauf Amerikanischer Siedlung
Sarona: 1871, Ankauf von ca. 60 Ha nicht urbares Land
                von arabischem Besitzer
Neuhardthof: 1888, Erweiterung von Haifa
Walhalla: 1888, Erweiterung von Jaffa
Rephaim: 1873, bei Jerusalem
Wilhelma: 1902, heute Bnei Atarot
Bethlehem: 1906

Nach dem Ankauf der Amerikanischen Siedlung 1869 in Jaffa, erwarben sie 1871 einen zweiten Standort, östlich von Jaffa. Sarona umfasst jenes Gebiet, wo heute die Kaplan St. den Dizengoff Square mit dem Business District rund um das Azrieli Center verbindet. Gleichzeitig kamen auch anderen christliche und jüdische Gruppen ins Land, aber keiner hat wie die Templer derart tatkräftig investiert. Malaria und andere Krankheiten sowie die allgemeinen hygienischen Bedingungen in Palästina waren eine Herausforderung an das tägliche Überleben. Das Gelände von Sarona war besonders schwierig und der Krankheitsstand hoch. Sie importierten den damals nicht heimischen Eukalyptusbaum um die Sümpfe trocken zu legen. Die Siedlung wurde strategisch geplant. Das Land wurde gekauft, in Parzellen aufgeteilt und im Losverfahren an die Siedler verteilt. Für jeden war genug Platz für ein Haus und einen Garten, Bauen unterlagen bestimmten Vorschriften. Interessanterweise sollte diese Art der "Stadtplanung" nicht einzigartig bleiben. Genau so haben die Gründungsväter Tel Avivs im April 1909 das Land aufgeteilt und die Bebauung geregelt. Bis dahin haben sie sehr genau alle Aktivitäten der Templer und besonders ihre Bauweise studiert.

Sie erschien unerreichbar modern für die damalige Zeit. Überall im Land, wo die Templer sich engagierten war innerhalb von kurzer Zeit eine Verbesserung der Lebensbedingungen für alle dort Lebenden eingetreten und somit fühlten sich auch Araber aus anderen Gegenden animiert zuzuziehen. Sie lernten von den Templern, verbesserten ihre Landwirtschaft oder arbeiteten direkt für die Templer die professionelle Orangenplantagen, Obst- und Weinanbau, Viehzucht und Molkereien betrieben. Des Weiteren hatten sie alle Berufe, die nötig waren im Dorf vereinigt und wurden auch von den anderen Bevölkerungsgruppen gerne in Anspruch genommen.

Als Jaffa im wirtschaftlichen Boom des 19. Jahrhunderts anfing, sich zu erweitern, hielten auch die Templer Ausschau nach neuen Grundstücken. Auf der Grenze zwischen Neve Tzedek und Jaffa, parallel zur späteren Eisenbahntrasse siedelten sie einige ihrer Fabriken und Häuser an. So auch z.B. die Wasserpumpenfabrik von Wilhelm und Georg Wagner. Die Identität der Templer war deutsch, aber sie betrachteten Palästina als ihre Heimat. Keiner von ihnen hatte je in Erwägung gezogen nach Deutschland zurückzugehen. Zu hart hatten sie für ihren Erfolg gekämpft, zu groß waren die Opfer gewesen. Da sie sich von der Landeskirche losgesagt hatten, bekamen sie auch keine finanzielle Unterstützung wie andere christliche Missionen. Sie hatten sich ihr Land urbar gemacht, eine Existenz aufgebaut und sie fühlten sich mit diesem Land verwachsen. Bis Ende 1917 war Palästina unter türkischer Herrschaft. Die Türken waren argwöhnisch gegenüber Ausländern und anderen Religionen und die Templer lehnten es ab, ihren deutschen Pass gegen einen türkischen zu tauschen, was im Alltag durchaus Vorteile gehabt hätte, besonders wenn es um Genehmigungen ging. Die großartige Leistung der Templer und ihre Fähigkeiten erkannten die Ottomanen aber an und später auch die Briten. Josef Wennagel ist z.B. ein Name, der in Palästina öfter fiel, wenn es um den

Neubau von Brücken oder Bahnhöfen ging.

Mit arabischer Hilfe eroberten die Briten Palästina und beendeten gemeinsam mit den Franzosen die Jahrhunderte lang dauernde osmanische Herrschaft. Nach dem Ersten Weltkrieg war für die Templer nichts mehr wie vorher. Es war der Anfang eines schleichenden Endes ihrer Existenz in ihrer Wahlheimat Palästina. Die Briten bezichtigten sie der Spionage für Deutschland und die Türkei und befahlen ihre Deportation. Zwei Jahre verbrachten die meisten von ihnen in Helouan in der Nähe von Kairo. Als sie zurück durften fanden sie ihre Siedlungen in einem beklagenswerten Zustand. Die Häuser waren geplündert, die Industrieanlagen verwahrlost und die Landwirtschaft lag brach. Dennoch, die Templer bauten wieder auf. Aber es sollte nie mehr so werden wie vorher.

In den 1920-er Jahren kommen immer mehr Juden ins Land, teils als Zionisten, teils weil der Antisemitismus, besonders in Osteuropa, immer aggressiver wird. Das führt zu Verstimmungen bei den in Palästina wohnenden Arabern, die sich von der jüdischen Geschäftstüchtigkeit bedroht fühlen und die arabischen Übergriffe auf Juden nehmen zu. Die Templer halten sich neutral. Sie brauchen die Juden als Kunden und die Araber als Arbeitskräfte. Ihre deutsch-nationale Identität bietet den idealen Nährboden für eine Unterwanderung seitens der NSDAP. Das gepflegte Deutschtum der Templer war das perfekte Sprungbrett für die Nazi-Ideologie, wenn es auch innerhalb der Gemeinde zu starken Spannungen der Templer untereinander führte, es war keinesfalls so, dass jeder Templer sich automatisch mit dem deutschen Faschismus identifizierte. Viele von ihnen gaben sich jedoch der Illusion hin, dass ein starkes Deutschland ihre Position im Ausland stärken würde. So gab es in Jaffa und Sarona später auch eine lokale Dépendance des Bund Deutscher Mädel und der Hitlerjugend. Ein Schlag ins Gesicht für die Juden, die es geschafft hatten mit nichts als ihrem Leben in Palästina einzuwandern, oft sogar illegal, denn die Briten reduzierten die Quote der Einwanderung, um nicht noch mehr Probleme mit der arabischen Bevölkerung zu bekommen bzw. um ihre eigenen Interessen im Nahen Osten zu verfolgen. Schließlich hatte man in den arabischen Ländern Öl gefunden. Sarona lag außerhalb von Jaffa, wo man sich in der Regel mit dem Auto oder viel öfter mit Fahrrad bzw. Moped hin bewegte. Wie konnte sich ein Templer vor dem Angriff eines arabischen Heckenschützen bewahren, wie ihm zeigen, dass er kein Jude war? Die Markierung des Verkehrsmittels mit einer Hakenkreuzfahne hielt man für eindeutig.

Mit Ausbruch des Zweiten Weltkrieges und dem Eintritt Großbritanniens in den Krieg gegen Deutschland wurde die Mandatsherrschaft zum Handeln gezwungen. Die Templer waren nun die Feinde im eigenen Mandatsgebiet; die Situation war problematisch, wenn man von der guten Versorgung mit landwirtschaftlichen Produkten absah. Die Juden verhielten sich aggressiv gegenüber den deutschen Siedlern aufgrund ihrer Nähe zu den Nazis, die Araber griffen die Juden an und nicht selten auch die Briten aus Enttäuschung, dass sie von ihnen nur benutzt worden waren, um die Ottomanen zu erobern. Die versprochene Selbstbestimmung war ausgeblieben. Die Templer sollten endgültig Palästina verlassen. Aber wohin mit ihnen? Deutschland war für die meisten keine Heimat mehr, sie waren bereits hier geboren.

Die Familie Wagner gehörte zu jenen Templern, die sich schon 1921 während der arabischen Revolte auf die Seite der Angreifer gestellt hatte. Später sympathisierten sie öffentlich mit den Nazis. Obwohl auch sie während des Zweiten Weltkrieges interniert waren, ließen die Briten sie nach dem Krieg ihre Fabriken wieder öffnen. Die Juden waren empört. Am Ende des Krieges waren die Taten der Nazis schließlich der Welt bekannt. Im März 1946 wird Gotthilf Wagner in Tel

Aviv auf der Levanda Str. ermordet. Vermutet wurde dahinter eine der jüdischen Widerstandsgruppen. In den folgenden Jahren kommt es zu vorübergehenden Deportationen von einem Camp ins andere (z.B. 1939-1940 nach Akko), z.T. wieder zurück nach Sarona. Einige wenige gehen nach Deutschland. 1948 werden sie endgültig nach Famagusta/ Zypern überführt und von da aus 1948 nach Australien.

Erste Aliya (1882–1903)
Mit der ersten Aliya der Zionisten wird Jaffa bereits regelrecht überflutet. Haifa und Jaffa sind an der flachen Küste die einzigen Häfen und somit ist Jaffa für viele Einwanderer die erste Anlaufstelle und nicht alle wollen weiter ins Landesinnere ziehen. Die eh schon enge, antike Stadt mit ihren schmalen Gassen kommt bald an ihre Grenzen. Die Wohnungsnot ist groß, die hygienischen Bedingungen schlecht, fehlende Abwassersysteme machten es nicht besser. Das Leben in Jaffa wird zunehmend eine ernste Bedrohung für die Gesundheit und besonders für die aus Europa einwandernden Juden ist diese Form der orientalischen Lebensweise völlig inakzeptabel. Einige wohlhabende sephardische Juden beschließen, außerhalb von Jaffa neu zu bauen und kaufen dafür Land an. 1887 wird die erste jüdische Siedlung außerhalb Jaffas gegründet, Neve Tzedek (hebr. Oase der Gerechtigkeit) und schon in 1890 Neve Shalom (hebr. Oase des Friedens), das an Neve Tzedek anknüpft und Wohnungen für die weniger wohlhabenden Juden bereitstellt und so auch ihnen die Möglichkeit bietet, Jaffa zu verlassen.

Herzl und der Traum vom „Judenstaat" (1896-1904)
Theodor Herzl (1860-1904), in Israel Binyamin Herzl, war ein österreichisch-ungarischer Schriftsteller und Journalist und gilt als Begründer des internationalen Zionismus. Als er im Februar 1896 in Wien sein Buch "Der Judenstaat" veröffentlicht konnte sicherlich noch niemand ahnen, dass damit der Masterplan für den Staat Israel geboren war. Herzls

Beschreibung der Not der Juden, die Notwendigkeit, einen eigenen Staat zu gründen und die Voraussicht auf die kommenden Ereignisse sind so unglaublich und deutlich wie die sich dem Leser aufdrängende anhaltende Aktualität des Werkes, wenn man es heute liest. Herzl zeichnet einen Plan, wie der eigene Staat aufzubauen ist und das meiste ist so realisiert worden und zwar in Tel Aviv. Es war die erste jüdische Stadt Israels, von Juden gegründet, von Juden für Juden gebaut. Tel Aviv war die erste Hauptstadt des Staates Israels, es war ein Testgelände für alles Kommende. Fast alle Institutionen, die zur Vorbereitung der Staatsgründung ins Leben gerufen wurde, hatten ihren Sitz in Tel Aviv. Hier wurden die Grundsteine für eine neue jüdische Gesellschaft gelegt. Eine Gesellschaft die unabhängig von Nichtjuden frei für sich bestimmen konnte, die nicht auf ihre Religion reduziert wurde, die aber auf deren Werte aufbaute. Viele der in Europa lebenden Juden waren nicht religiös, aber die Gesellschaft in der sie lebten und für die sie sogar in den Krieg zogen, integrierte sie nicht. Für die waren sie nur Juden. Herzl formuliert es folgendermaßen: "Die Angriffe in Parlamenten, Presse, auf Kirchenkanzeln, auf der Straße, auf Reisen - Ausschließung aus gewissen Hotels - selbst an Unterhaltungsorten mehren sich von Tag zu Tag. Die Verfolgungen haben verschiedene Charakter nach Ländern und Gesellschaftskreisen. In Russland werden Judendörfer gebrandschatzt, in Rumänien erschlägt man ein paar Menschen, in Deutschland prügelt man sie gelegentlich durch, in Österreich terrorisieren die Antisemiten das ganze öffentlich Leben, in Algerien treten Wanderhetzprediger auf, in Paris knöpft sich die sogenannte bessere Gesellschaft zu, die Cercles schließen sich gegen Juden ab."

Das Buch löst bei Juden wie Nichtjuden alle Art von Reaktionen aus. Am meisten ärgert es Herzl, dass man es als Utopie verstehen könnte. Er knüpft an ein Problem an, das er "die Judenfrage" nennt, die seiner Meinung nach seit dem

Mittelalter nicht gelöst ist. "Nächstes Jahr in Jerusalem", das sagen Juden jedes Jahr am Ende des Pessachfestes. Seit der Zerstörung des zweiten Tempels in Jerusalem im Jahr 70 der heutigen Zeitrechnung und der Machtübernahme des Landes durch die Römer träumen die Juden davon, in ihr Land zurückzugehen und den Staat Israel im Land Israel wieder aufzubauen. Der Grund, warum in der Vergangenheit auch bei sich ankündenden Pogromen gegen die Juden diese oft nur zögerlich das jeweilige Land verließen ist nach Meinung Herzls die Jahrhunderte alte Erfahrung, dass es im nächsten Land nicht besser wird. Sie seien nicht gegangen, weil sie nicht wussten, wohin und das würde sich nie ändern wenn die Juden nicht endlich ihren eigenen Staat aufbauten. Und so zeichnet Herzl einen konkreten Plan, den er auf zwei Beine stellt: die Society of Jews und die Jewish Company. Auch die Finanzierbarkeit jenes Planes hat er analysiert.

Die Society of Jews ist die staatsbildende Macht, die sich um die wirtschaftlichen und politischen Vorbereitungen kümmert, die Jewish Company um deren Durchführung. Die Wahl des Landes fällt auf Palästina aufgrund der historischen Verbundenheit. Das Land ist aus Herzls Sicht der einzige Faktor, der Zustimmung von außen brauchte. Dafür baut er auf die Unterstützung der Länder, in denen ein starker Antisemitismus herrscht. Er ist sich darüber im Klaren dass weite Teile des Landes nicht urbar sind. Er schlägt vor, die Ärmsten zu erst umsiedeln. Sie hätten den Glauben ans Gelobte Land nie verloren, es gäbe nichts, was sie in ihren jetzigen Ländern festhielte außer Elend. Russland und Rumänen erscheinen ihm ideal für den Anfang der Rekrutierung. "Dabei wächst und wächst der Hass. Die Reichen spüren davon nicht viel. Aber unsere Armen. Man frage unsere Armen, die seit der Erneuerung des Antisemitismus furchtbarer proletarisiert werden als je zuvor. Werden einige Wohlhabende meinen, der Druck sie noch nicht groß genug für die Auswanderung, und selbst bei gewaltsamen

Judenaustreibungen zeige sich, wie ungern unsere Leute gingen? Ja, weil sie nicht wissen, wohin! Weil sie nur von einem Elend ins andere kommen. ... " Die Aufgabe der Jewish Company ist es, sich um den Landankauf zu kümmern. Auf privatrechtlichem Weg wird Land gekauft, das dann völkerrechtlich zugesichert wird. Die Arbeiter sollen sich gegenseitig ihre Wohnungen bauen, simple und funktionale Wohnanlagen sollen es sein mit Gemeinschaftsunterkünften. Ein Beispiel davon ist heute noch in der Frishman St. 33-35 zu sehen. Die Arbeiter sollten alle Bauarbeiten im Land übernehmen, auch die der Infrastruktur. Dem Plan nach werden Facharbeiter über eine Vermittlungsstelle ins Land kommen und sich dort ansiedeln, wo sie arbeiten werden. Auch die die Übersiedlung wird organisiert. Für jüdischen Besitz werde man christliche Abnehmer finden.

Ende August 1897 hält Herzl in Basel den Weltkongress der Zionisten ab. Dort wird das s.g. Basler Programm beschlossen: „Der Zionismus erstrebt für das jüdische Volk die Schaffung einer öffentlich-rechtlich gesicherten Heimstätte." Am 03.09.1897 schreibt Herzl in sein Tagebuch: „Fasse ich den Basler Kongress in ein Wort zusammen - das ich mich hüten werde öffentlich auszusprechen - so ist es dieses: In Basel habe ich den Judenstaat gegründet. Wenn ich das heute laut sagte, würde mir ein universelles Gelächter antworten. Vielleicht in 5 Jahren, jedenfalls in 50 Jahren wird es jeder einsehen." Herzl veröffentlicht 1902 eine weitere Schrift zum Thema: "Altneuland". In erster Linie ist es als eine Propagandaschrift für Nichtjuden gedacht, in der Herzl die Vorteile der Übersiedlung der Juden ins Heilige Land beschreibt. Seine Vision für die kommenden zwanzig Jahre beinhaltet modernste Technik, Straßennetze, Staudämme, Bewässerungsanlagen und ein friedliches Zusammenleben mit Nichtjuden, die für sich Vorteile in dem Fortschritt sehen, den die Juden ins Land bringen. "Wenn ihr wollt, ist es kein Märchen", ein viel zitiertes Motto von Altneuland.

Zweite Aliya (1904–1914)

Diese Zeitepoche ist eine der signifikantesten in Bezug auf die Gründung von Tel Aviv. Es ist die Zeit, wo die Gründungsväter Tel Avivs nach Palästina einwandern. Und noch heute fragen sich die Historiker ob die Gründung Tel Avivs, anfangs Achuzat Beit genannt, wirklich nur eine kleine Vorstadt mit netten Gärtchen werden sollte oder aber ob man damals schon Größeres im Sinn hatte und die neu eingetroffenen Zionisten den Traum Herzls träumten von einer jüdischen Stadt und einem jüdischen Staat. Es bleibt Spekulation. Bewiesen ist jedoch, dass Tel Aviv nicht gegründet wurde, um Jaffa zu verlassen, denn dafür hatte man Neve Tzedek und Neve Shalom gegründet. Vielmehr war es so, dass die Europäer mit der orientalischen Lebensweise nicht zurechtkamen. Sie wanderten ein aus Odessa, Kiev, Berlin, Budapest, etc. Sie waren etwas anderes gewöhnt. Im Jahr 1904 kommt die Nachbarschaft Kerem HaTeimanim (hebr. Weinberg der Jemeniten) hinzu, gegründet von neuen Einwanderern aus dem Jemen. Auch sie waren Zionisten, ihre Aktivitäten jedoch nicht politisch und mehr im Einklang mit der orientalischen Kultur.

1906 wird unter Federführung von Akiva Aryé Weiss die Gesellschaft „Achuzat Beit" gegründet, die das neue Viertel entstehen lassen soll, von dem die europäischen Zionisten träumen. Die bisher entstandenen Viertel außerhalb von Jaffa waren zwar jüdisch, aber durch und durch orientalisch in ihrer Lebensweise. Es gab immer noch kein funktionierendes Abwassersystem, die Straßen waren verdreckt und überhaupt alle öffentlichen Räume vernachlässigt. Ein jüdischer Staat brauchte Zuwanderung und die konnte nicht gelingen, wenn man die europäischen Juden mit diesen Bildern ansprach. Die Siedlung der Templer, Sarona, war ein Modell, das akribisch studiert wurde. Es war der Inbegriff der Modernität. Es war europäisch. Und so ist es nicht verwunderlich, dass am 11. April 1909 die Verteilung der Grundstücke von Achuzat Beit an die ersten 66 Familien genau so stattfand wie damals bei den Templern: durch Verlosung. Die Regeln für die neuen Eigentümer waren ähnlich. Man konnte auf dem eigenen Grundstück ziemlich frei bauen, unter Beachtung der aufgestellten Regeln. Diese besagten z.B. dass nur 1/3 der Fläche bebaut werden darf. Für die öffentlichen Gebäude wurde ein Architekt bestellt. Ähnlich wie die Templer hatten auch die Ashkenasim keinen Bezug zum Meer und fingen an, mit dem Rücken zum Meer die Sanddünen zu planieren. Im Oktober 1909 ist bereits das erste Haus fertig gestellt. 1910 wird der Ort zu Tel Aviv umbenannt, so war der Titel den Nahum Sokolow der hebräischen Übersetzung von Herzls Werk "Altneuland" gab.

Zu den bedeutendsten Gründungsmitgliedern Tel Avivs gehören Meir Dizengoff (geb. 1861 im heutigen Moldawien, gest. 1936 in Tel Aviv) und Akiva Aryé Weiss (geb. 1868 in Weißrussland gest. 1947 in Tel Aviv). Dizengoff kam 1905 nach Jaffa. Der charismatische, gut aussehende Mann konnte schnell an Einfluss gewinnen. Er ist Geschäftsmann, investiert in verschiedene lokale Unternehmungen und fängt bald an, auf eigene Rechnung Land außerhalb von Jaffa aufzukaufen. Weiss kommt 1906 über Lodz nach Jaffa. Er will Herzls Traum fortsetzen: eine jüdische Gesellschaft braucht eine jüdische Stadt, er hält landwirtschaftliche Kolonien und Verschönerung von existierenden Städten nicht für ausreichend. Er plant von Anfang an ein großes Tel Aviv für eine neue Gesellschaft. Noch am Tag seiner Ankunft nimmt er an einer lokalen Versammlung teil. Seine Ideen stoßen auf großen Zuspruch und er wird mit ihrer Durchführung beauftragt, es wird die Gesellschaft Achuzat Beit gegründet und unmittelbar danach mit dem Bau der ersten Häuser begonnen. Als der kleine Ort Achuzat Beit 1910 fertig gestellt ist kann Weiss zu diesem Zeitpunkt niemanden für seine Erweiterungspläne begeistern. Daraufhin verlässt er die Gesellschaft. Er investiert in die Privatwirtschaft und leistet einen wertvollen Beitrag zum

Aufbau durch die Gründung verschiedener Fabriken und Firmen wie z.B. die "Ora Hadasha" Filmgesellschaft, er baute das Kino "Eden Cinema" und das erste Postgebäude der Stadt. Später gründet er den Diamond Club, der Vorläufer der heutigen Diamantenbörse. Dizengoff hatte von Anfang an mit der Gesellschaft Achuzat Beit für den Landankauf kooperiert, 1911 wird er der hauptverantwortliche Stadtplaner und 1922 zum ersten Bürgermeister gewählt. Für lange Zeit verdrängt Dizengoff Weiss weitgehend aus der Geschichte indem er die Version publiziert, dass Tel Aviv unter seiner Führung von der Gartenstadt zur Weltmetropole gewachsen ist. Dabei stammen die ersten konzeptionellen Erweiterungspläne von Weiss, die konkrete Stadtplanung kommt später von dem Schotten Patrick Geddes.

Am 2. November 1917, kurz nachdem der britische General Allenby die Stadt Beer Sheba erobert und das Ende der ottomanischen Herrschaft einläutet, erlässt die britische Regierung die s.g. Balfour-Erklärung in der sie sich verpflichtet, den Juden in Palästina zu einer nationalen Heimstädte zu verhelfen. Die spätere Mandatsherrschaft erlaubt zwar die Einwanderung, unternimmt aber weiter nichts, um diese Erklärung umzusetzen.

Dritte Aliya (1919–1923)
Am 1. Mai 1921 kommt es zu grausamen Übergriffen der arabischen Bevölkerung auf die jüdische. An jenem Tag waren zwischen Jaffa und Tel Aviv zwei jüdische Gruppen bei einer Mai-Demonstration aneinander geraten. Die Jüdische Kommunistische Partei hatte für ihre Demonstration eine Genehmigung, die Arbeiterunion (Vorläufer der heutigen Arbeiterpartei Israels, angeführt von David Ben-Gurion) hatte unerlaubt zur Gegendemonstration aufgerufen. Es kam zu Prügeleien zwischen den beiden jüdischen Gruppen. Kurz drauf versammelte sich die arabische Bevölkerung und ging brutal gegen die jüdischen Nachbarn vor. Es gab

Erschießungen und Vergewaltigungen. Von der arabischen Polizei kam keine Hilfe. Die jüdische Bevölkerung war geschockt. Die Zivilbevölkerung organisierte sich selbst und riegelte Tel Aviv ab. In den folgenden Tagen werden Juden, die noch in Jaffa wohnten nach Tel Aviv geholt und gleichzeitig arabische Nachbarn aus ihren Häusern in Neve Tzedek und Neve Shalom vertrieben. Somit wurde Jaffa rein arabisch, ein scheinbarer Sieg für die Angreifer, der sich schon bald als Trugschluss herausstellen sollte. Die „Ausschreitungen von Jaffa" dauern drei Tage, aber in dieser ersten Maiwoche werden auch in anderen Teilen Palästinas Juden von Arabern angegriffen. Es sollte nie wieder so werden wie vorher.

Der britische Hochkommissar Lord Herbert Samuel reorganisiert bald nach dem Übergriff die Verwaltung: Tel Aviv bekommt im Juni 1921 eine gewisse Autonomie zugesprochen, womit es auch Steuern erheben kann. Bis 1923 bleibt es aber Jaffa unterstellt, danach werden Neve Tzedek, Neve Shalom und Kerem HaTeimanim Tel Aviv zugeschlagen wie auch die bereits gekauften aber noch unbebauten Grundstücke. Jaffa, bis zu diesem Zeitpunkt Zentrum des wirtschaftlichen Lebens, wird abgetrennt. Es entsteht eine Kluft zwischen Kunden und Händlern. Für die letzteren war der Verlust schwerer, die Juden mieden Jaffa. Die neue Stadtverwaltung treibt den Ausbau nach Norden Richtung Yarkon River voran - auch ohne arabische Arbeiter – und neue Läden eröffnen, die Ware kommt aus Europa, die Gelder auch. Jaffa fängt an, zu verarmen. Der Hafen als Handelsplatz "rettet" Jaffa noch bis 1933, dann eröffnet ein neuer Hafen in Haifa und somit fällt auch dieses nationale Monopol. Die Grenze zwischen Jaffa und Tel Aviv wird auf der Daniel St. gezogen, der südlichen Begrenzung des jemenitischen Viertels, gegenüber Manshiye. Auch in späteren Jahren, besonders in den 40ern, kam es hier zu gewaltsamen Auseinandersetzungen zwischen Juden und Arabern.

Die Abtrennung von Jaffa gibt Tel Aviv einen entscheidenden Schub nach vorne. Selbstversorgung und die Verantwortung für die eigene Sicherheit erinnern wieder an die Worte Herzls. Alle Berufe waren nun ausschließlich jüdisch besetzt und die Klischees verschwinden. Planen zu können war bisher ein Traum gewesen. Nie wussten die Juden, wann sich die Zeiten wieder gegen sie wenden würden. Zum ersten Mal hatten sie die Möglichkeit, ihr Schicksal selber in die Hand zu nehmen. Die Neuankömmlinge der dritten Aliya werden auf den neuen Grundstücken im Norden in Zelten untergebracht. Der Aufkauf von zusammenhängenden Ländereien wird der Palestine Land Development Company übertragen.

Vierte Aliya (1924–1929)
Zu Zeiten der vierten Aliya erlebt Tel Aviv einen wahren Boom. Das kulturelle Leben erblüht, gut gebildete Europäer ziehen zu. Die Stadtverwaltung beauftragt schließlich 1925 den Briten Patrick Geddes mit der strategischen Stadtplanung, ein bis dahin weitgehend unbekannter Beruf. Geddes gibt der Planung die entscheidende Wende. Bisher hatte man nur kurz- bis mittelfristig geplant. Es wurde nach Bedarf Land hinzugekauft, aufgeteilt und bebaut. Geddes orientierte sich nicht an Grundstücken und plante unbeirrt bis zum Yarkon River große Verkehrskreuzungen, Ost-West- und Nord-Süd-Verbindungen, völlig unabhängig davon ob das benötigte Land bereits im Besitz der Stadt war oder nicht. Geddes, ein Biologe, studiert genau die interaktiven Beziehungen der Individuen, hier: der städtischen Bewohner. Welche Wege gingen sie, wer trat in Beziehung mit wem? Geddes identifizierte große Verkehrswege, Zugangswege zu den Häusern und Räume, wo sich das tägliche Leben der Hausfrauen und Mütter abspielte. Der Weg zum Bäcker sollte kurz sein, wie auch der zum Park. Hier, wo Mütter und Kinder unterwegs waren sollte kein Durchgangsverkehr stattfinden. Geddes selber war kein Jude aber ein Freund des Zionismus. Obwohl Tel Aviv die Stadt der säkularen Juden war, so wollten sie doch alle mit jüdischen

Werten leben. Sie waren sich einig, dass jüdische Feiertage für alle frei von Arbeit und in der Öffentlichkeit stattfinden würden. Ohne übermäßige Religiosität war eine Synagoge immer noch auch Teil der Kultur. Auch sie musste einfach und auf kurzen Wegen erreichbar sein. All diese Elemente nahm Geddes auf. Er verstand die Aufgabe, die man ihm aufgetragen hatte: eine Überleitung des Judentums vom religiösen zu kulturellem Leben. Statt der Synagoge standen nun Theater, Bibliotheken und Alleen im Mittelpunkt des öffentlichen Lebens. Er beschäftigte sich auch mit dem Klima und seinen Herausforderungen. Es war Geddes, nicht einer der später in Europa ausgebildeten Architekten, der anfing, kubische Gebäude mit Dachterrassen zu planen. Viele Elemente der Bauhausbewegung wurden später vom sozialistischen Zionismus übernommen. Geddes verstand die Suche der Juden nach einer neuen modernen, jüdischen Gesellschaft. Dazu gehörte auch die Vermeidung von Enge. Seine Planungen ließen viel Platz zwischen den Häusern, die er mit Grünflächen füllte, die Stadt sollte hell sein und ihre Gebäude nicht im geringsten an die europäischen "Stedtl" erinnern, fern ab von Mauern und Friedhöfen stehen. 1925 plante er nördlich der Bograshov St. durch bis an den Yarkon River, seine östliche Begrenzung war die Ibn Gvirol St.

Ab 1927 wird es sehr schwierig, in Jerusalem eingereichte Bauvorhaben genehmigt zu bekommen, denn Lord Herbert Samuel, der britische Hochkommissar, wird abgesetzt und durch Lord Plumer ersetzt. Die Briten schränken zunehmend die Autonomie in Tel Aviv en, besonders die finanzielle. Statt auf Steuern muss die Expansion der Stadt sich nun auf rein private Spenden stützen, gleichzeitig wird von dem neuen Recht Gebrauch gemacht, Grundstücksbesitzer zu enteignen, um an Landreserven für die Stadterweiterung zu kommen, das sollte speziell nach 1933 besonders wichtig werden.

Fünfte Aliya (1929–1939)

Mit Beginn der Fünften Aliya wurde es in Tel Aviv endgültig eng. Gleichzeitig verlangsamten sich die Bauaktivitäten erheblich, einmal durch die bürokratischen Hürden der Briten und zum anderen durch die Weltwirtschaftskrise. Das Geld aus der Diaspora floss nicht mehr so wie vorher. Zur gleichen Zeit strömten immer mehr Einwanderer ins Land. Tel Aviv hatte längst die Form einer aktiven europäischen Stadt angenommen, nur wenige der europäischen Neuankömmlinge konnten sich für eine Weiterreise in andere Landesteile begeistern. Die Einhaltung der von Geddes geplanten Baulücken war nicht realisierbar. Auch einige der bis dahin bestehende Gärten und Parkanlagen wurden geopfert. Es fehlte an Baugrund. Laut Berichten aus der damaligen Zeit wuchs die Bevölkerung zwischen 1931 und 1935 auf das dreifache an: auf ca. 120.000. Im Jahr 1934 wurden zusätzliche Ländereien im Norden vom Jüdischen Nationalfond erstanden. So kam es dass besonders die deutschen und ungarischen Juden, die einen Großteil der Einwanderer jetzt ausmachten, das Stadtbild des nördlichen Tel Avivs prägten. Obwohl schon lange keine Aufträge mehr an Araber vergeben werden herrscht in Tel Aviv eine hohe Arbeitslosenquote. Gleichzeitig findet eine Teilung der jüdischen Gesellschaft in *ashkenazim* und *sephardim* statt. Im Zentrum und Norden der Stadt wohnen die europäischen Juden (Ashkenasim), im Süden die orientalischen (Sephardim). Das hat sich bis heute kaum geändert. Geändert hat sich allerdings die Verteilung der Arbeitslosenquote. Heute ist sie im Süden höher als im Norden. Damals waren es nur die Neuankömmlinge, die nach Norden gingen. Die deutschen Juden hatten mit die größten Schwierigkeiten bei der Anpassung. Sie waren z.T. sehr etabliert gewesen und an ein hohes Maß an Normalität im Alltag gewöhnt im Gegensatz zu den Ostjuden. Die hatten sich schnell integriert und die Sprache gelernt. Für die Jeckes – wie man die Deutschen nannte, weil sie auch bei größter Hitze noch Anzug und Krawatten trugen – die nur radebrechend

Hebräisch sprachen, hatten sie nur Spott über.

1936 ist ein bewegtes Jahr für Tel Aviv und Israel im Allgemeinen. Es ist der Beginn des arabischen Aufstands, der bis 1939 anhalten wird. Angeführt wird er vom Großmufti von Jerusalem, Mohammed Amin al-Husseini, der gute Verbindungen zu Nazi-Deutschland hat und maßgeblich die Idee des Antisemitismus in den arabischen Ländern einführt. In Syrien und Ägypten hatten die Araber bereits Anfang des Jahres mit dem Streik Erfolg gehabt und Gespräche über Unabhängigkeit von Frankreich bzw. der Englischen Krone hatten schon angefangen. Am 17. Mai 1936 beginnen die Hafenarbeiten für den neuen Tel Aviver Hafen. Hiermit wird ein weiterer Schritt in Richtung Unabhängigkeit unternommen. Zwischen Haifa und Jaffa gab es keinen weiteren Hafen. Die Küste ist sehr flach sodass große Schiffe so nah an die Küsten kamen wie möglich, dann müssen Passagiere und Ladung in kleinen Booten an Land gerudert werden. Dieses Geschäft ist fest in arabischer Hand. Seit den Übergriffen von Jaffa im Jahr 1921 ist das Vertrauen in die arabischen Nachbarn verloren und kaum einer glaubt noch an die Möglichkeit, eines friedlichen Zusammenlebens. Diese Sorge wird bestärkt durch die Massaker von Hebron und Safed im Jahr 1929 und auch in den folgenden Jahren sollten die Übergriffe nicht aufhören. Mit zunehmender Einwanderung und Expansion der lokalen Wirtschaft dauert es immer länger, in Jaffa Ladung zu löschen. Die Schiffe liegen oft tagelang vor Jaffa. Am 13. Dezember 1934 hatte es bereits eine Kollision zweier Schiffe gegeben woraufhin im Januar 1935 in Höhe des heutigen Hafens die Bauarbeiten für einen Leuchtturm begannen, um die Sicht und Orientierung vor der flachen Küste zu verbessern. Ein eigener Hafen schien unausweichlich. Die Straße, die dem Hafen am nächsten liegt erinnert mit ihrem Namen an seine Gründung: Sha'a Zion Street, Tor von Zion. Schon 1949 unternahm die Stadt eine Erweiterung des Hafens indem sie ihn vertiefte. So konnten nun Schiffe direkt am Ufer anlegen und die Ladungen mussten nicht mehr auf See gelöscht werden. Im Oktober 1936 beendet der Großmufti den Streik, die Briten rufen im November die Peel-Kommission ins Leben, um dem arabischen Aufstand auf den Grund zu gehen. Im Jahr 1936 war es auch, dass der heutige Flughafen Ben-Gurion gebaut wurde. Genau zwischen Tel Aviv und Jerusalem gelegen diente er zu anfangs nur militärischen Zwecken.

Die Peel-Kommission erklärt im Juli 1937, dass der herrschende Antisemitismus bei der muslimischen Bevölkerung nur eine Lösung zuließe: die Teilung in zwei Staaten. Obwohl der für die Juden vorgesehene Teil wesentlich kleiner ist und die Araber bereits das gesamte Gebiet östlich des Jordans erhalten haben (das heutige Jordanien), lehnen diese ab und der Großmufti erneuert seine Revolte. So kommt es Ende 1937 zu Massenaufständen und gewaltsamen Übergriffen auf Briten und Juden, diesmal seitens der Landbevölkerung. Der amtierende Bürgermeister von Tel Aviv, Israel Rokach bittet die Mandatsherrschaft um die Erlaubnis, einen eigenen Flughafen für die Stadt bauen zu dürfen. In Zeiten des Arabischen Aufstands war es für die Juden gefährlich geworden, längere Strecke zu reisen. Der Flughafen Sdeh Dov wird 1938 fertig gestellt und bietet regelmäßige Flüge nach Haifa an. Die Briten überdenken die Ergebnisse der Peel-Kommission und entscheiden sich zu großen Zugeständnissen an die Araber. Vermutlich ist dies den britischen Interessen in anderen arabischen Ländern geschuldet, aber sicherlich auch der Überzeugung, dass die Juden auf sie angewiesen sind. Sie halten die nächsten Schritte im s.g. "White Paper of 1939" fest: in den kommenden fünf Jahren dürfen nur maximal 75.000 Juden zuwandern, danach soll Zuwanderung von der Zustimmung der Araber abhängen; gleichzeitig wurde der Ankauf von arabischem Land durch Juden wurde signifikant eingeschränkt.

Zweiter Weltkrieg (1939-1945)

Am 9. September 1940 wird Tel Aviv erstmals aus der Luft angegriffen. Damals völlig überraschend, ohne Frühwarnsystem und ohne entsprechende medizinische Versorgung. Es war ein Schlag des Mussolini Regimes gegen die Briten. Die Schäden waren beträchtlich und insgesamt gab es 137 Tote zu beklagen. Die meisten von ihnen wohnten in jenen Notunterkünften, die nicht mal einem größeren Sturm standhielten. Auf der King George Street Ecke Ben Zion Boulevard erinnert daran heute ein Gedenkstein. Am 11. Juni 1941 fallen die Bomben des Vichy-Regimes. 20 Menschen sterben.

Ende des Palästina-Mandats (1947-1948)

Die Briten beschließen, ihr Mandat in Palästina 1948 aufzugeben. Die Jahre 1947-48 gleichen einem Bürgerkrieg: jüdische Widerstandsgruppen und arabische Heckenschützen leisten sich blutige Kämpfe. Im Dezember 1947 erwirbt der Jüdische Nationalfonds von den Briten die Templer-Siedlung Sarona. Damit hat die Stadt eine bedeutende Fläche zur weiteren Expansion hinzugewonnen. Diesmal geht es aber nicht um Wohnhäuser, sondern um den zukünftigen Regierungssitz. Lange taucht der Name Sarona nicht mehr auf. Das Gebiet wurde HaKirya genannt, der Campus, und war gleichbedeutend mit einem Regierungsviertel. Am 5. Ijar 5708 (14. Mai 1948) ruft David Ben-Gurion auf dem Rothschild Boulevard den Staat Israel aus. Ende 1948 wird beschlossen, Jaffa und Tel Aviv zusammenzulegen, was dann faktisch 1950 auch durchgeführt wird. Bis heute ist in Tel Aviv ein starkes Nord-Süd-Gefälle zu spüren, auch wenn sich die Stadtverwaltung bemüht, die südlichen Stadtteile, darunter auch Jaffa, zu modernisieren, so können doch die dortigen Bewohner mit ihrem Einkommen mit der Modernisierung nicht Schritt halten. Die Preise für Wohnraum steigen und viele von ihnen müssen den Planungen von Luxus-Wohnungen Platz machen – die nun auch im Süden der Stadt

Platz einfordern – und wohnen zum Teil im Elend. Die Proteste auf dem Rothschild Boulevard in 2011 haben gezeigt, dass das Wohnproblem schon lange nicht mehr nur auf die arabischen Viertel begrenzt ist.

2.2.1 Tel Aviv heute

Tel Aviv lässt sich heute grob in fünf Stadtviertel unterteilen:

- Nord
- Zentrum-Nord
- Zentrum (auch Herz, bzw. "lev")
- Süd
- Jaffa

Der Plan von Patrick Geddes reichte bis an den Yarkon Park, der lange Zeit die nördliche Stadtgrenze bilden. Heute wird Tel Aviv im Norden durch die Nachbarstadt Herzliya begrenzt. Nördlich des Yarkon-Parks befinden sich schicke Tower mit Eigentumswohnungen für Besserverdienende und auch der Universitätscampus hat sich dort angesiedelt. Unter dem alten Norden versteht man den Streifen südlich des Parks bis zum Ben Gurion Boulevard und streng genommen wird die Beschreibung „alt" auch nur für das Viertel westlich von der Ibn Gvirol Street, denn weiter östlich hat Geddes damals nicht geplant. Zwischen Ben-Gurion Boulevard und Yarkon-Park befindet sich der mittlerweile stillgelegte Hafen von Tel Aviv mit seinen Coffee-Shops, Restaurants und Bars wie auch die elegantesten Geschäfte der Dizengoff Street.

Im **Zentrum-Nord** liegt der berühmte Dizengoff Square mit seiner klassischen Architektur im Internationalen Stil. Die meisten Bauten dieser Epoche sind in dieser Nachbarschaft zu finden. Zwischen Ben-Gurion Boulevard und Bograshov Street gehörten ca. 75% der Bauten zur s.g. White City, gemäß der UNESCO.

Das **Zentrum** umfasst das ehemalige Achuzat Beit und den Rothschild Boulevard. Hier wurde 1948 der Stadt Israel ausgerufen und Tel Aviv zur ersten Hauptstadt gemacht. Dieser Teil wird auch Lev HaIr genannt, also Herzstück der Stadt. Die Straßen existierten bereits in Karten von 1924, die Bebauung kam jedoch in einigen Vierteln später.

Der **Süden** umfasst die Viertel Neve Tzedek und Florentin. Kurz vor der Jahrhundertwende strebte Jaffa nach Expansion. Südlich der Hafenstadt entstand u.a. die Siedlung der maronitischen Christen, Ajami, im Norden das muslimische Manshiye direkt am Meer (heute Charles Clore Park) und das jüdische Neve Tzedek. Später, 1927 kommt Florentin hinzu, westlich von Neve Tzedek, gegründet von Juden aus Saloniki. Im geschichtlichen Zusammenhang ist hier auch das Jemenitische Viertel zu nennen – Keren HaTeimanim – das aber aufgrund seiner geographischen Lage dem Zentrum zugeordnet wird.

Jaffa, „die Schöne", mit ihrer mittelalterlichen Geschichte und außergewöhnlichen Mischung aus arabischer und europäischer Kultur, verschiedenen Religionen, Architektur und Gastronomie erstreckt sich bis zur südlichen Nachbarstadt Bat Yam.

3 Architektur

Als Tel Aviv 1909 gegründet wurde, damals noch Achuzat Beit genannt, war die moderne Architektur noch nicht geboren und so entstand links und rechts vom Rothschild Boulevard eine Bebauung, die oft die verschiedensten Stilrichtungen und Epochen miteinander vereinte. Dies ist charakteristisch für den s.g. Eklektizismus (engl. eclectic style). Die Bauherren brachten ihre Vorstellungen aus der mittel- und osteuropäischen Heimat mit, passten diese dem aktuellen Trend an und bauten u.a. auch noch orientalische Stilelemente mit ein. Besonders häufig sind hier die spitz zulaufenden Fenster des ottomanischen Baustils zu finden. Schon früh kamen europäische Architekten ins Land, nicht nur weil seit Anfang des Jahrhunderts der Antisemitismus in Europa zunahm in dessen Folge sie mit Berufsverbot belegt wurden, sondern auch weil Tel Aviv ein Testgelände war. Stadtplanung im heutigen Sinne war damals vollkommen unbekannt, selten konnte so frei geplant und gebaut werden wie zu jener Zeit. Die 1920-er Jahre brachten den kulturellen Aufschwung. Tel Aviv wuchs stetig, es wurden Theater gegründet, Kinosäle gebaut, es zogen Intellektuelle aus Europa zu, kurz: das kulturelle Leben „boomte". Die neu gekauften Parzellen wurden zügig bebaut und die Bebauung außerhalb des ehemaligen Achuzat Beit zunehmend moderner. Die Jahre der Einwanderung, besonders ab Ende der 1920-er und nochmals verstärkt nach 1948, hatten die Stadt vor die Herausforderung gestellt, schnell günstigen Wohnraum zu schaffen und so manches historische Gebäude ist der raschen Expansion zum Opfer gefallen.

Als Tel Aviv am 03. Juli 2003 den Status "Weltkulturerbe" von der UNESCO verliehen bekam konnte sich kaum einer in Israel vorstellen, dass die Stadt damit quasi über Nacht zum Touristenmagnet werden würde. Viele der Neubauten werden heute wieder im Stil der 1930-er Jahre gebaut. "Bauhaus" ist ein Begriff, der mit Tel Aviv verwachsen zu sein scheint. Aber… ist das hier „Bauhaus-Architektur"? Die Urkunde der UNESCO wurde ausgestellt auf die "White City of Tel Aviv – The Modern Movement". Über 4.000 Gebäude aus den 1930-er Jahren befinden sich in Tel Aviv, zum Teil in beklagenswertem Zustand. Aber was war genau die moderne Bewegung, the modern movement, in der Architektur? Dazu gehörten verschiedene Strömungen, die keine eindeutigen Kriterien für einen Abgrenzung geben, z.B.:

- Neues Bauen
- Bauhaus
- Neue Sachlichkeit
- Internationaler Stil

Neues Bauen
Die Bewegung des Neuen Bauens war in Deutschland ca. in den 1910-er bis 1930 Jahren zu beobachten. Es wurde eine völlig neue Form des Bauens entwickelt, andere Materialien wie z.B. Glas, Stahl und Eisen und besonders vorgefertigte Bauelemente wurden hauptsächlich eingesetzt um lichtdurchflutete, großzügige Räume zu schaffen; ein Gegengewicht zu den damals vorherrschenden schattigen Hinterhöfen und s.g. "Mietskasernen". Bauen wurde rationalisiert.

Bauhaus
Im Jahr 1919 gründet Walter Gropius in Weimar das Bauhaus. Die Grundidee war, alle werkkünstlerischen Disziplinen wieder zusammenzufassen um auf diese Weise eine neue Baukunst zu schaffen; die Trennung zwischen Kunst und Produktion aufzuheben und so auch die gesellschaftlichen Unterschiede abzuschaffen. Nach Gropius war der Künstler die Steigerung des Handwerkers. Handwerkliche Tradition als Grundlagen jeden Schaffens mit dem Oberziel der Erschaffung

einer humaneren Gesellschaft. 1923 wird aus Anlass der ersten Bauhaus-Ausstellung das allererste Haus in diesem Stil gebaut. In nur 4 Monaten Bauzeit entsteht das von Georg Muche entworfenen "Haus am Horn" in Weimar. Es war als bewohnbares Musterhaus konzipiert worden mit dem Gedanken, eine Siedlung für die Bauhauslehrer zu schaffen, die komplette Siedlung wurde zu einem späteren Zeitpunkt dann in Dessau realisiert. Der Bau war ein schlichter Kubus mit einem funktionellen und nüchternen Innenausbau. Dies war typisch für die anfängliche Bauhaus-Architektur. Das Haus am Horn wurde damals als ein Werk des Neuen Bauens verstanden. Schon 1922 hatte Gropius seinen mittlerweile weltberühmten Entwurf für den Neubau des Hochhauses der Chicago Tribune eingereicht. Ein klassischer „Bauhausbau", der nur mit geraden Linien und viel Glas arbeitet. Leider wurde er nie realisiert. Die Bauhaus-Architektur zeichnet sich durch die hauptsächliche Verwendung von vorgefertigten Bauelementen aus, die an ihren Zweck angepasst werden können. Nach Bauhaus bauen heißt, ein Baukastensystem zu verwenden, das Gropius "Wabenbau" nennt.

Die Mitglieder des Bauhauses gelten als "links" und sind mit ihren sozialistischen Ideen den aufstrebenden Nationalsozialisten von Anfang an ein Dorn im Auge. Nachdem die Nazis die Wahlen gewinnen wird das Bauhaus – mittlerweile nach Berlin verlagert, weil in Dessau schon geschlossen – im Juli 1933 zur Auflösung gezwungen. Viele der Mitglieder emigrierten und setzten ihre Arbeit in der neuen Heimat fort, meist in den USA. So wurden das Prinzip und die Werte des Bauhauses weltweit berühmt.

Neue Sachlichkeit
Darunter sind jene Bauhaus-Bauten zu verstehen, die später den "Bauhaus-Stil" prägten, aber nicht von einem Bauhaus-Mitglied entworfen wurden.

Internationaler Stil

Dieser Begriff wurde von Henry-Russell Hitchcock und Philip Johnson geprägt und beschreibt die minimalistischen und funktionalistischen Elemente in der Architektur der 1920er und 1930er Jahre. In Tel Aviv gehören ca. 4.000 Gebäude in diese Kategorie.

3.1 Der Einfluss von LeCorbusier

LeCorbusier (1887-1965) war Mentor von Ze'ev Rechter und so ist es auch nicht verwunderlich, dass letzterer in Tel Aviv das erste Haus auf Säulen baute (Engel Haus, Rothschild Blvd. 84), denn diese Konstruktion hatte LeCorbusier oftmals umgesetzt. In den 1920er Jahren entwickelte er die „Fünf Punkte zu einer neuen Architektur": Stützen, Dachterrasse, Langfenster, freie Grundrissgestaltung und freie Fassadengestaltung. Die Stützen erhalten die Gartenfläche und der Dachgarten schafft weitere Grünfläche. Durch die Stützen müssen keine tragenden Wände mehr in den Wohnungen eingebaut werden und die gesamten statischen Anforderungen des bisherigen Bauens werden aufgehoben, die Grundrissplanung ist völlig frei. In der Folge heißt das auch, dass die Fassade an frei wählbaren Stellen geöffnet werden kann, Fenster müssen nicht mehr hochkant sondern können auch quer eingebaut werden. Alle fünf Elemente sind in Tel Aviv innerhalb der White City anzutreffen. Zusammen mit Max du Bois hatte LeCorbusier ein Patent zum Bauen von Fertighäusern mit Stahlbeton-Skelettbauweise erhalten. Davon hat der schnelle Auf- und Ausbau der Stadt mehr als profitiert. Funktionalität und Wirtschaftlichkeit waren für LeCorbusier eine logische Antwort auf den technischen Fortschritt in der Welt, der einen rasanten Wandel der Lebensumstände und -gewohnheiten mit sich brachte.

3.2 The White City – Die Weiße Stadt

Die Weiße Stadt umfasst hauptsächlich jenen Teil von Tel Aviv, der sich südlich des Ben-Gurion Boulevards befindet, westlich von Rothschild und Chen Boulevard. Die überwiegende Mehrheit der dort heute vorzufindenden Gebäude repräsentiert die neue Sachlichkeit, bzw. den Internationalen Stil, auch wenn vor Ort jedes kantige Gebäude gerne als „Bauhaus" bezeichnet wird. Die Bauhaus-Gedanken sind jedoch vielerorts aufgegriffen worden wie z.B. die gemeinsame Dachterrasse für alle Bewohner, oder der Arbeiterblock in der Frishman Str. 33, wo es große Gemeinschaftsräume gibt zum Essen und Duschen, aber keine herkömmlichen Wohnungen. Schnell und günstig Bauen war spätestens seit der Einwanderung in den 1930-ern das Oberziel. Die vorgefertigten Bauelemente waren ideal. Während das Bauhaus viel mit Glas und Eisen arbeitete, Licht und Luft in die Wohnungen dringen sollte, so mussten in Tel Aviv nun einige Elemente dem lokalen Klima angepasst werden. Licht ja, Sonne nein, also auf keinen Fall nach Süden geöffnet und großflächige Fenster wurde vermieden. Typisch sind die horizontal verlaufenden Streifen mit kleinen Fenstern. Eisenprodukte mussten importiert werden und waren kostspielig; man reduzierte sie auf ein Minimum, es sei denn, es handelte sich um ein Privatgebäude und der Bauherr war gewillt, dafür zu zahlen. Das Säulenprinzip wurde von vielen lokalen Architekten umgesetzt. Es war eine enorme Platzersparnis; so konnte noch ein Gärtchen angelegt werden, ohne den von Patrick Geddes in seinem Masterplan von 1925 vorgesehenen Platz für einen Vorgarten.

Viele der örtlichen Häuser stelle eine Kombination dar aus geradlinigem Bauhaus-Stil und geometrischen Formen. Die Architekten in Tel Aviv sprachen sogar von der organischen Architektur, ein Ausdruck, den man in Europa wohl kaum im Zusammenhang mit der Nüchternheit des Internationalen Stils gebracht hätte; dort verstand man organisches Bauen als Unordnung. Jedoch im Judentum wird die perfekte Gesundheit als ein Ausdruck des Schöpfers angesehen und somit auch der Körper und seine Form. Die Grundformen, wie sie im Bauhaus gelehrt wurden – rund oder kantig – bilden zusammen diese Asymmetrie. Sie war in den architektonischen Entwürfen der Bauhausmeister noch nicht zu finden gewesen und gehört somit eindeutig zum Internationalen Stil.

"Israeli Box Style"
In den späten 1940ern, als in Palästina der Unabhängigkeitskampf ausbrach, wurde der Internationale Stil nochmals minimiert. Es wurde nur noch ein Kasten gebaut, die Box. Bauen musste schnell gehen, für Ästhetik waren keine Kapazitäten da und das sollte noch bis in die 1950er andauern. Zu diesem Zeitpunkt strömten Massen von Einwanderern ins Land, Israel musste sich nach der Staatsgründung selber versorgen und gleichzeitig die Grenzen sichern. Die Säulen unter den Häusern wurden in den meisten Fällen beibehalten, aber auf jegliche Stilelemente, die lokal als "typisch Bauhaus" gelten verzichtet.

Ausstellung: Batim MiBifnim
Seit 2007 ist Tel Aviv Mitglied der Open House Family, einer Organisation, die in verschiedenen Städten rund um den Globus Besichtigungen und Führungen veranstaltet. Parks, private Residenzen, öffentliche Gebäude und Fabriken öffnen ein Wochenende ihre Türen und zeigen sich der Öffentlichkeit. In Tel Aviv findet das kostenlose Festival „Batim MiBifnim" (hebr. Häuser von innen) jährlich Ende Mai statt. Die Führungen und Rundgänge werden zum Teil auch in Englisch angeboten. Informationen unter: http://www.batim-il.org

3.3 Architekten in Tel Aviv

Immer wieder liest man vom Mythos der deutschen jüdischen Architekten, bzw. von den verfolgten Anhängern des Bauhauses, die nach Tel Aviv kamen und dort bauten. Richtig ist, dass die großen und bekannten Architekten Tel Avivs fast alle aus Ost-Europa kamen, nach Palästina einwanderten und später nach Europa gingen um bei den dortigen Meistern zu lernen. In Palästina haben sie dann diese Ideen, die es nicht nur in Deutschland gab, realisiert und den lokalen Bedingungen (Klima), Idealen (Sozialismus) und Anforderungen (schneller Aufbau des Landes) angepasst.

Arieh Sharon (geb. in Polen 1900, gest. 1984 in Israel)
Als Ludwig Kurzmann geboren, kam Sharon 1920 nach Israel. Er war Mitgründer des Kibbutz Gan Shmuel und entschied sich später, 1928 in Dessau am Bauhaus zu studieren. 1929 heiratete er die Bauhaus-Meisterin Gunta Stölzl, die für den Fachbereich Weberei verantwortlich war. Seine minimalistischen Bauten für die Arbeiter (meonot ovdot) wurde auch als urbanes Kibbutz bezeichnet, weil es die gleichen Strukturen bei den Gemeinschaftsräumen aufweist (Wäscherei, Küche, Mensa, Kindergarten, etc.). Sehr bekannt ist die Arbeiterresidenz in der Frishman St. 33-35. Sharon entwarf den Masterplan zum Aufbau Israels und war die rechte Hand von David Ben-Gurion. Er gilt als Vater der israelischen Architektur.

Dov Karmi (geb. in der Ukraine 1905, gest. 1962 in Israel)
Nachdem er 1921 Aliya gemacht hatte, entschied er sich einige Jahre später, in Gent an der Ecole des Beaux Arts zu studieren. Er war sowohl in Tel Aviv als auch in Jerusalem tätig. In seiner Schaffenszeit von 1930-1950 hinterließ er mehr als 50 Bauten im Internationalen Stil. Zusammen mit Ze'ev Rechter gewann er den Wettbewerb für das Mann Auditorium (neuer Name: Charles Bronfman Auditorium, bzw. *Heichal HaTarbut*, hebr.

für Kulturpalast).

Ze'ev Rechter (geb. in der Ukraine 1899, gest. 1960 in Israel)

Obwohl er schon 1919 nach Israel kam, verließ er in den kommenden Jahren mehrfach seine neue Heimat, um im Ausland zu studieren. In Rom Ingenieurwesen, in Paris Architektur, von wo er stark von Le Corbusier beeinflusst zurück nach Israel kam. Das von ihm erbaute Engel Haus (Rothschild Boulevard 84) war in Tel Avivs das erste Haus auf Säulen (pilotis).

Josef Neufeld (geb. 1898 in Polen, gest. 19? in den USA)

Als er 1920 nach Israel kam konnte er wohl nicht ahnen, dass durch seine spätere Lehrzeit bei Erich Mendelsohn in Berlin, er zu einem gefragten Architekten in Tel Aviv werden würden. Er emigrierte schließlich 1940 in die USA, kam aber regelmäßig nach Israel um die Bautätigkeiten seiner Projekte zu überwachen.

Genia Averbuch (geb. in Russland 1909, gest. 1977 in Israel)

Die gebürtige Russin kam im Alter von 2 Jahren nach Israel und genoss später ein Architekturstudium in verschiedenen europäischen Ländern. Als sie 1930 nach Israel zurückkommt eröffnet sie ihr eigenes Büro. 1934 gewinnt sie den Wettbewerb zur Gestaltung des Dizengoff Square. In den Jahren 1940-45 leitet sie das Amt für Stadtplanung in Tel Aviv.

Richard Kaufmann (geb. 1887 in Deutschland, gest. 1958 in Israel)

Er eröffnete 1914 seine eigene Firma in Frankfurt und kommt erst 1920, von Arthur Ruppin inspiriert (Leiter des Palästina-Amts und Mitgründer Tel Avivs), nach Israel. Noch lange vor Geddes hatte er einen Plan zur nördlichen Erweiterung Tel

Avivs erstellt. Dieser Plan fand zwar damals kein Gehör beim Stadtrat, Geddes aber kannte Kaufmanns Plan und scheinbar ist er auch in die Planung von Geddes eingeflossen. Kaufmann hatte schon die großen Nord-Süd-Verbindungen geplant, unabhängig von den gekauften Landparzellen, die auch Geddes in seinen Plan einzeichnete.

Josef Berlin (geb. 1900 in Russland, gest. 1984 in Israel)
Bis zu seiner Ankunft in Israel 1921 arbeitete er in St. Petersburg. 1933 nimmt er seinen Sohn als Partner in die Firma auf. Josef Berlin baute bis zu seinem Tod über 250 Gebäude. Berühmt wurde er für seinen artistischen Umgang mit Silikatgestein.

Der Ring – HaChug
Im Jahr 1926 schlossen sich Sharon, Rechter und Neufeld zusammen zu "HaChug". Sie suchten einen gestalterischen Neuanfang. Bald folgten Rubin, Karmi, Barkai und andere. Besonders junge, in Europa ausgebildete Architekten schlossen sich ihnen an. Gemeinsam wollten sie den lokalen Markt revolutionieren. 1934 verlegte HaChug zum ersten mal die Zeitschrift „HaBinyan BaMisrach Karov" (hebr. Bauen im Nahen Osten), die später in der Neuauflage „HaBinyan" (hebr. das Gebäude). Die Zeitschrift unterstützte aktiv den herrschenden Zeitgeist, der im Kampf um den eigenen Staat auch in der Architektur seine Identität suchte. Mit zunehmendem arabischen Nationalismus und Antisemitismus verschwanden auch orientalische Elemente aus der Baukunst. Gesucht wurde ein „jüdischer Stil".

3.4 UNESCO Weltkulturerbe

Im Jahr 2003 bekam Tel Aviv von der UNESCO den Status „Weltkulturerbe" verliehen. Damit wurde das weltweit größte zusammenhängende Ensemble an Gebäuden aus den 1930-er

Jahren gewürdigt, das im sog. Internationalen Stil gebaut wurde. Über das gesamt Stadtgebiete von Tel Aviv verteilt findet man sie, jene funktionalen hellen Gebäude mit ihren kantigen Fassaden und runden Balkonen. Die UNESCO setzte bei ihrer Einteilung des Stadtgebietes Schwerpunkte, die in eine Unterteilung der Zonen A-C resultieren. Zusammen bilden sie die „White City" (die weiße Stadt). Im gesamten Stadtgebiet von Tel Aviv wurden schätzungsweise um die 4.000 Gebäuden im Internationalen Stil errichtet, viele bis heute unsaniert. Die Stadtverwaltung zeigte sich bei der Sanierung entgegenkommend und hat den Bauherren die Aufstockung um ein oder zwei Stockwerke gewährt. Die Bauten des Internationalen Stils gingen ursprünglich nicht über drei oder vier Etagen hinaus. In den von der UNESCO definierten Zonen liegen insgesamt 2.087 Gebäude wovon 699 unter Denkmalschutz stehen.

Im Folgenden werden Ihnen einige Gebäude vorgestellt, die repräsentativ für ihre Epoche stehen. Die meisten liegen sehr zentral andere sind echte Geheimtipps und den Umweg wert. Selbst bei den unsanierten Gebäuden kann der Betrachter den Glanz und die Aufbruchstimmung der damaligen Epoche erahnen. Schlendern Sie durch die Straßen der Weißen Stadt und atmen Sie Nostalgie!

1) Rothschild Boulevard 84, Engel Haus (1934),
Architekt: Ze'ev Rechter
Das Engel Haus ist prominenter Vertreter des „Modern Movement", es war das erste auf Säulen errichtete Gebäude der Stadt, Ausdruck des architektonischen Einflusses von Le Corbusier dessen Schüler Ze'ev Rechter war. Als die Grundstücke zunehmend knapp wurden war die Konstruktion auf Säulen der gesuchte Kompromiss auf die Frage, wie die Bauherren die Fläche optimal nutzen konnten ohne die vorgeschriebenen Grünflächen zu ignorieren. Der Dachgarten war ein Ausdruck der Werte der Arbeiterbewegung der 1930-

er Jahre, ein Ort der Begegnung für alle Nachbarn gleichermaßen. Der Grundriss des Gebäudes liegt u-förmig um einen Innenhof, der sich zur benachbarten Mazeh St. öffnet.

2) Frishman St. 33-35, Arbeiterwohnheim (1935)
Architekt: Arieh Sharon
Der Architekt Arieh Sharon gilt als der Vater der israelischen Architektur und ist als Erbauer zahlreiche Kibbuzim und Chef-Planer Ben-Gurions für den Aufbau Israels in die Geschichte eingegangen. Das Arbeiterwohnheim in der Frishman St. 33 ist eine interessante und seltene Kombination aus Wohngebäude und Kibbuz. Die Arbeiter wohnten in kleinen spartanischen Wohnungen, im Untergeschoss des Gebäudes fanden die gemeinschaftlichen Aktivitäten statt. Wie im Kibbuz gab es einen Saal wo gemeinsam gegessen wurde und um den Innenhof herum – auch dieses Gebäude war in U-Form angelegt – waren die Wäscherei, der Kindergarten und ein Laden für den täglichen Bedarf angesiedelt. Arieh Sharon war ein Schüler des Bauhauses in Deutschland gewesen. Von seinem Mentor, dem Architekten Hannes Meyer, hatte er die Überzeugung übernommen, dass Architektur zur Verbesserung der Gesellschaft beizutragen hat.

3) Pinsker St. 23, Mintz & Elenberg Haus (1935)
Architekt: Philip Hütt
Im lokalen Sprachgebrauch wird es auch das Anker-Haus genannt, bezugnehmend auf den Gesamteindruck der vorderen Fassade, deren breite Fensterfront des Treppenhauses im Eingangsbereich mündet. Die Erhellung des Treppenhauses mittels eines in die Fassade eingelassenen Bandes von Glaselementen ist charakteristisch für den Internationalen Stil. Das Gebäude war ursprünglich für alleinstehende Frauen geplant, mit 35 kleinen Apartments.

4) Hovevei Zion St. 65, Mirenberg Haus (1935)
Architekt: Pinchas Hütt

Dieses Wohngebäude zeigt die Verschmelzung von Baublöcken wie sie charakteristisch ist für den Internationalen Stil: autonome, schwerfällige Baukörper werden mittels gerundeter Ecken und eines gemeinsamen Treppenhauses miteinander verbunden. Die ebenfalls oft betonte Asymmetrie wird meist durch bauchige, ausladende Gebäudeflügel erreicht, mit integrierten Balkonen.

5) Mazeh St. 79, Recanati Haus (1935)

Architekten: Shlomo Liaskovski & Yakov Orenstein
Die spektakuläre Fassadengestaltung des Recanati Hauses greift den Gedanken der „funktionalen Asymmetrie" auf: dynamische Fassaden für einen dynamische Straße und eine nüchterne, ruhige Gestaltung für die Anwohnerstraße. Das gestalterische Element der Wiederholung der Balkone spielt auf natürliche Weise mit dem Effekt von Licht und Schatten. Im Jahr 2000 wurde das Gebäude vom Architektenbüro Bar Orian umfassend saniert.

6) HaRakevet St. 22, Zitrus-Haus (1935)

Architekt: Carl Rubin
Das Beit Hadar, wie im Hebräischen genannt wird, zeigt den Einfluss Mendelsohns auf seinen Schüler, den Architekten Carl Rubin. Es war das erste Haus in Tel Aviv mit einem Stahlskelett. Die drei von einander unabhängigen kolossartigen Baukörper erscheinen monströs und schwerfällig und dennoch scheinen sie über dem Grund zu schweben. Diese Illusion entsteht durch das verglaste Erdgeschoss. Verglasungen wurden oft benutzt, um die funktionalen Trennungen auch visuell zu unterstreichen, hier die Trennung von Verkaufsflächen und Büroetagen.

7) Menachem Begin Road 27, Gavrilovich Haus (1936)

Architekten: Y. Kashdan & E. Shimshoni
Das Gavrilovich Haus zeigt deutlich, wie frei die Architekten des Internationalen Stils ihre Häuser „modellierten". Dieser

außergewöhnliche Entwurf spielt nicht nur mit Licht und Schatten, Kanten und Rundungen sondern auch mit Konkav und Konvex und lässt so den Eindruck von Symmetrie und Asymmetrie miteinander verschmelzen. Es scheint, als ob ein Teil des Gebäudes aus der Mitte geschnitten und als Balkone wieder angefügt wurde.

8) Idelson St. 29, Max-Liebling-Haus (1936)

Architekt: Dov Karmi

Nachdem Dov Karmi von seinem Studium in Belgien zurück nach Israel kam, stellt er mit dem Max-Liebling-Haus ein neues Stilelement vor: die versunkenen Balkone, die im Sommer vor zu viel Sonne und Hitze schützten, im Winter aber Licht und Wärme in die Räume fluten ließen. Die von Ze'ev Rechter eingeführte Säulen-Konstruktion hatte es möglich gemacht, ohne tragende Wände zu bauen und somit war eine freie Planung des Grundrisses und der Fassadengestaltung möglich.

9) Zina Dizengoff Square (1936)

Architektin: Gina Averbuch

Der Entwurf des Kikar Zina Dizengoff, wie er korrekt auf Hebräisch heißt, ist wie alle öffentlichen Plätze und Gebäude aus einem Wettbewerb hervorgegangen, den die Architektin Gina Averbuch gewann. Neben der Gestaltung des Platzes selber sah der Wettbewerb eine Lösung für die Einbeziehung der angrenzenden Gebäude vor. Die uniforme Sprache der Fassaden verleihen dem Platz zusätzliche Größe und eine harmonisches Gesamtbild. Der ursprüngliche Entwurf sah vor, den Platz leicht zu erhöhen um Parkplätze zu schaffen. Dies wurde jedoch nicht realisiert und es entstand ein Kreisverkehr. Erst Jahrzehnte später wurde der Verkehr auf der Dizengoff St. zur Herausforderung und der Platz wurde 1978 neu gestaltet, mit der heutigen Unterführung, die den damaligen großzügigen Gesamteindruck erheblich reduziert. Derzeit werden Planungen diskutiert ihn wieder auf das Niveau des ursprünglichen Entwurfs umzubauen. Mit der Namensgebung erinnerte Bürgermeister Dizengoff an seine verstorbene Frau Zina.

10) Ben Ami St. 14, Kupat Cholim Gebäude (1938)
Architekt: Josef Neufeld
Das heutige Kabbala-Center befindet sich in der ersten Hauptverwaltung der Kupat Cholim, der öffentlichen Krankenkasse. Der damalige Entwurfe sah eine funktionale Trennung des Gebäudes vor: im unten Bereich befanden sich die Labore und Lagerflächen, darüber die Büros. Die innen liegenden lang gezogenen Balkone sorgen im Sommer, bei hochstehender Sonne für Schatten in den Räumen und eine optimale Belüftung, im Winter, wenn die Sonnen niedriger steht, gelangt Licht und Wärme ins Innere.

11) Zamenhoff St. 1, Esther Cinema (1939)
Architekten: Yehuda & Rafael Magidovitch
Die Fassadengestaltung des Esther Cinema folgt unmittelbar dem zuvor beschriebenen Entwurf von Gina Averbuch für den Platz. Das Kino wurde für 1.000 Zuschauer gebaut und 1939 mit Walt Disneys „Schneewittchen und die 7 Zwerge" eingeweiht, damals ein zentraler Ort des kulturellen Lebens Tel Avivs. Von 1998-2000 wurde eine komplette Sanierung durchgeführt. Heute beherbergt das Gebäude ein Boutique Hotel, dessen Innenarchitektur an die cineastische Vergangenheit anknüpft: Ausstellungsstücke, Poster und Memorablia vergangener Kinotage finden sind in der Lobby und in den Hotelzimmern.

3.5 Neuer Bau in altem Gewand

Die wiedergefundene Identität Tel Avivs mit der Architektur
des Internationalen Stils hat die Gestaltung der Neubauten in
den letzten zwei Jahrzehnten zunehmend und nachhaltig
geprägt. So werden heute viele Neubauten im Zentrum wieder
mit einer Fassade im Internationalen Stil versehen und lässt
den Betrachter rätseln, was das wirkliche Baujahr ist. Ein sehr
gutes Beispiel dafür ist das Gebäude auf der Ecke von
Tchernichovsky und Dizengoff:

12) Dizengoff St. 69-73 / Tchernichovsky 59

Es wurde 2001 von den Architekten Ronit und Elisha Rubin
erbaut und beherbergt auf vier Etagen 32 Wohnungen. Ähnlich
wie das Recanati Haus (Mazeh St. 79) präsentiert sich das
Eckgebäude mit zwei Fassaden sehr unterschiedlichen
Charakters, eine dynamische, „laute" für die viel befahrene
Dizengoff St. und eine „ruhige", nüchterne in der Seitenstraße
Tchernichovsky.